*Beautiful Bust and Waist Curve*

# 美乳&くびれ
## カラダになりたい
# ミオドレダイエット

# myodrainage DIET

小野晴康

宝島社

prologue : #myodrainage DIET

Blouse / HONEY MI HONEY
Skirt / FOREVER 21
Pierce / スタイリスト私物

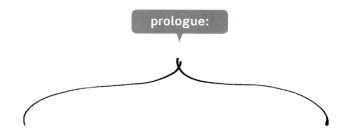

## 胸やお尻はプリッ、ウエストは華奢(きゃしゃ)でほっそり そんな、女らしいカラダになりたいですか?

胸の谷間のチラ見せトップス、くびれたウエストを
強調するボトム。好きな服、着たい服はたくさんあるのに
「カラダに自信がないから……」とガマンするのは
もったいない！ せっかく女子に生まれたのだから、
女子だけが着られる特権、楽しみたいですよね。
でも、それにはやっぱり、素敵に着こなすための
カラダが欲しいと思うのも女心。
憧れは、胸とお尻はプリッと、ウエストはほっそりとした、
ふんわりやわらかく色っぽいカラダ！

## やわらかく引き締まった女らしいカラダは
## つらい運動なしで、
## 作れるんです

着たい服が似合うキレイなカラダを手に入れようと
思ったとき、まず始めるのは何でしょうか？
多くの人が「運動」と答えるかもしれません。
でも、ちょっと考えてみて。あなたが目指すのは、
アスリートのように筋肉質で硬くがっちりとしたカラダ？
それとも、出るところは出ていて引き締まるところは
引き締まった、女らしいカラダ？　答えが後者なら、
つらい運動はまったく必要ありません。
むしろ、運動で筋肉を硬くすることは逆効果なんです。

## 1日5分でOKの"ミオドレ"マッサージで
## 美乳＆くびれを
## 手に入れませんか？

約10年前に、理学療法士である小野晴康が考案した
"ミオドレ"（正式名称ミオドレナージ）マッサージ。
日々の生活習慣で硬くなった筋肉をやわらかくし、動きを
良くすることで、やせやすいしなやかなカラダを
作るという、独自のマッサージ方法です。
本書では小野晴康のメソッドを、どなたでも
トライしやすいよう、わかりやすくご紹介します。

小野晴康
理学療法士・
「ソリデンテ南青山」代表

## contents:

- 003 **prologue**
- 008 **interview with** KUMIKO FUNAYAMA
- 013 **#01** どうして太るの？ どうしたらやせられるの？
  **ミオドレ式・ダイエット新常識**
- 030 **#02** 論理的、だから効く！
  **ミオドレ式でカラダが変わる理由**
- 044 **column_01**
  元医療従事者がエステティシャン！
  カラダの仕組みを知りつくした「ソリデンテ南青山」
- 046 **#03** 1日5分でもOK！
  **ミオドレ式 美乳&くびれマッサージ**
  - 048 マッサージの効果を出すための準備 ／ 054 "ミオドレ"マッサージの基本 ／
  - 056 バストアップのマッサージ ／ 062 くびれのマッサージ ／
  - 066 ぽっこりお腹解消マッサージ ／ 070 出っ尻解消マッサージ ／
  - 074 たれ尻解消マッサージ ／ 078 二の腕ほっそりマッサージ

082 **column_02**
マッサージにまつわるQ&A

084 **#04**
美乳とくびれが際立つ!
## 気になるパーツやせマッサージ
086　ひざ上　／　088　内もも　／　090　ふくらはぎ　／　092　二重あご

094 **column_03**
「ソリデンテ南青山」でのマッサージに
欠かせないオリジナルコスメ

096 **#05**
食べ過ぎも食べないのもダメ!
## 女らしいカラダを作るのは食事です

108 **#06**
キレイなカラダは毎日の心がけから!
## 日々の生活習慣見直しチェック

124　**epilogue**　あとがき

126　"ミオドレ"の施術を受けられるサロンリスト

> interview:

## Interview with **KUMIKO FUNAYAMA**

モデル・タレント
**舟山久美子**さん

やわらかくて、女らしい。
ミオドレに出合って、
理想のカラダに近づけました

"ミオドレ" マッサージを7年続けて理想的なカラダを
キープしている、モデル・タレントの舟山久美子さん。
その効果について、詳しく伺いました。

　小野晴康先生のエステサロン「ソリデンテ南青山」
に通うようになったきっかけは、7年前、女優やア
ーティストの方がこぞって通われているという噂を
耳にしたから。当時は、ガーリーな服を棒のように
スリムな体型で着こなすのが流行っていたので、私
もモデルとして、体型キープのために必死で運動と
食事制限をしていました。ダンベルで鍛えていた時
期もあって……。でも、運動をすればするほどムキ
ムキのカラダになってしまい、困っていたんです。

　"ミオドレ" マッサージとは、筋肉に強い圧力を
加え、ほぐしてやわらかくするという痛い（笑）も
ので、普通のエステとはまったく違っていました。
でも「運動の代わりにマッサージで筋肉の動きを保
ち、やせやすい体質に変える」「女性らしいやわら
かいカラダを作る」という考え方を伺って、私に合
うかも、とピンときたんです。

*profile*

ふなやま・くみこ●モデル・タレント。1991年、東京都生まれ。ファッ
ション誌『Popteen』の専属モデルとして絶大な支持を得る。現在はテ
レビに出演するほか、ファッション誌『with』の専属モデルとしても活躍。

つらい運動はしなくていい。
目からウロコでした

prologue :

#myodrainage DIET

サロンに通い始めて数カ月すると、強いマッサージを受けても痛みが伴わず、カラダがすっきりして気持ちいいと思えるようになりました。それを小野先生に話すと「筋肉が柔らかくなった証拠ですよ」って。家でなるべく毎日、セルフマッサージをしているのも大きいと思います。湯船に浸かって筋肉が温まったところで、サロンで教わった"ミオドレ"マッサージを。固まりやすい筋肉を強めに押して、流して、ゆるめます。余裕があるときは15分くらいかけて全身を、疲れた夜はわきや腕などを5分程度。食べる番組のロケが頻繁にあったり、会食が多かったりしても太りにくくなったのは、"ミオドレ"マッサージのおかげだと、カラダで実感していますね。

食事は、10代の頃よりしっかり食べるようになりました。胸は脂肪なので、栄養を摂らないと胸からやせてしまうから。きちんと食べ、運動はせずともこまめに動いて、毎日、"ミオドレ"マッサージ。今の私のカラダは、これで支えられています。

女性の運動はブームですし、アスリートのようなカラダもかっこいいと思うけれど、女性らしくやわらかい印象でいたい私には、今のやり方が合っているかな。"ミオドレ"マッサージを教えてくれた小野先生は、私にとってまさに"ゴッドハンド"です！

毎日お風呂でマッサージ。
やわらかさをキープしています

interview : #myodrainage DIET

Camisole / pool studio alivier
Bra top / HONEY MI HONEY
Skirt / And Couture
Shoes / FOREVER 21
Pierce / スタイリスト私物

part 1:

# the new common sense diet

どうして太るの?
どうしたらやせられるの?
# ミオドレ式・ダイエット新常識
# the new common sense diet

女らしい美乳&くびれカラダになりたいのに、現実は下半身から太り、胸からやせていく——。それはどうして? まずはカラダのメカニズムを知りましょう。そして"ミオドレ"マッサージで理想のカラダが手に入る理由も、この章で説き明かします。

Camisole / FOREVER 21
Bra / HONEY MI HONEY
Skirt / And Couture
Pierce / スタイリスト私物

## お腹や下半身から太っていくのはどうして?

## 脂肪のもととなる栄養が、上半身よりも3倍多く運ばれるから

　まず、太る理由を考えてみましょう。食べたものの栄養が余って、脂肪となって蓄積するから、太る。これはすぐに理解できますよね。

　食べたものは胃で消化され、小腸で栄養分が吸収され、血液にのって全身に運ばれます。お腹やお尻、太ももなど下半身の血管は、上半身の血管に比べて約3倍もの太さがあります。その分流れる血液の量も多いので、下半身にはどうしても、上半身より多くの栄養が届いてしまうのです。だから栄養分が余剰となり、どうしても脂肪がつきやすくなってしまうというわけです。また、重力の関係からどうしても水分が溜まりやすく、下半身はむくみによって必要以上に太くなることもあります。

　このように、下半身太りの素因は誰でも持っているもの。それを防ぐためには、下半身の筋肉をよく動かし、滞りをなくすマッサージが必要です。

>> p066〜077, p086〜091

## 食べないダイエットって、どうして胸からやせてしまうの？

part 1:

#the new common sense diet

## 胸は脂肪のかたまり。食事の栄養でしか保てません

　食事制限によるダイエットを行うと、飢餓状態になったカラダは、エネルギー源として食事の栄養の代わりに体脂肪を使うようになります。胸のふくらみ部分には筋肉がほとんど存在せず、脂肪の割合が高いため、食事制限で真っ先にやせてしまうのです。

　女性の胸は、母乳を作る「乳腺」、やわらかいふくらみのもとである「脂肪」、乳腺と胸の土台である筋肉や皮膚をつなぐ「クーパー靭帯」からなる組織です。乳腺の発達は20代までといわれ、それ以降は乳腺が萎縮して脂肪組織へと変換します。つまり、胸の中で脂肪の割合が増えていくのです。大人になってからの無理な食事ダイエットは、本格的な胸のしぼみを招くので、くれぐれも注意が必要です。

　ダイエットで胸が小さくなるのを防ぐには、胸に届く血液からの栄養を滞らせないこと。鎖骨や脇の下を走る大きな血管が胸の栄養供給源になるので、その部分をよくほぐして、滞りをなくしましょう。

>> p056〜061

# 部分やせって、
# やっぱり無理なんですよね?

## やせたい部分の筋肉だけを
## しっかりほぐせば、可能です!

　部分やせしたいと皆さんが願うのは、二の腕、お腹、腰、太もも？　カラダの中でも脂肪がつきやすい部位ですね。前のページで説明したように、ダイエットするとまず脂肪が多い部位からやせていくので、本来ならこれらの部位から細くなってもいいはず。なのに現実は同じ脂肪である胸やデコルテばかり落ちて、気になる部分は太いまま……。その原因は、脂肪がついている部分やその周辺は、筋肉が硬くなりやすかったり動かなかったりして、脂肪が燃焼しにくくなっているからです。マッサージで硬くなった部分の筋肉や脂肪をよくもみほぐし、やわらかい状態に生まれ変わらせれば、溜まった脂肪が燃焼しやすく、さらに、新たな脂肪もつきにくくなって一石二鳥です。

　欲しい部分の脂肪は残して、やせたい部分だけ引き締める。そんな都合の良いことも"ミオドレ"マッサージなら可能なんです。

>> p084〜093

# しっかり運動すれば やせやすく太りにくいカラダが 作れる?

## 同じ筋肉を酷使することで
## むしろ太りやすいカラダに……

　太りにくくやせやすいカラダ作りに最適と思われている"運動"。自宅やスポーツジムで筋トレしたり、ランニングをするのもブームですね。でも、実はハードな運動が、逆に太りやすいカラダを作ってしまう、という事実があるんです！

　自己流の筋トレやランニングでは同じ部分の筋肉ばかりを刺激してしまうため、そこが硬くなって縮み、動きが悪くなってしまうことが。すると周辺に脂肪がつきやすくなります。運動後にトレーニングした筋肉（ランニングなら脚）がパンパンに張ってしまった経験はありませんか？　それこそがやせにくさ、太りやすさの始まりです。

　また、運動した後はつい自分に甘くなり、食事が進んでしまいがちですが、運動によって消費されるエネルギーは意外と少ないもの。例えばランニング3kmでおにぎり1個分程度です。気を許せばすぐにカロリーオーバーしてしまいます。

## がっしり体型の私。
## 女らしいカラダは無理ですか？

## 筋肉をマッサージすることで
## 骨格さえ変えることが可能です

　がっしり体型は大きな骨格という体質によるもので、生まれつき。だからやせても女らしくは見えない、そう思っていませんか？　確かに本質的な骨格を変えることはすぐにはできませんが、女らしい雰囲気に見せることは可能なんです。

　がっしりしたイメージは、骨格だけでなく"硬い筋肉"によるところが大きいもの。運動や、姿勢や歩き方のクセによって筋肉が硬くなっていたりすると、見た目のやわらかさがなくなり、ゴツゴツと男性的な印象に見えてしまいます。硬くなった筋肉をほぐし、やわらかく質の良い筋肉に変えてあげれば、骨格が大きくても女らしい印象に変わります。

　また、マッサージを長年継続していれば、骨の形を変えることさえも可能です。硬い筋肉が骨を外に引っ張ると、骨の形は広がってしまいます。筋肉がやわらかければ骨が引っ張られることはないので、その人が本来持つ適切な骨格に修復されるのです。

## ダイエットしながら
## バストアップはできますか?

## 胸のボリューム感を強調して 見せることは可能です

　ダイエットすると胸からやせてしまう理由、またそれを防ぐ方法は、p017でお話ししました。では、やせることを防ぐだけでなく、バストアップさせることは可能？　答えはYesです。厳密に言うと、サイズ自体を上げるということではなく、胸のボリューム感を強調することが可能です。

　その方法はというと、まずは胸の周辺のパーツ、つまりウエストやお腹、二の腕などをすっきりさせること。筋肉をほぐすマッサージで硬さをとり、脂肪の代謝を促しましょう。そして立ち方や座り方の姿勢を整えることで、ウエストがすっきりとして、バストが強調されて見えます。

　さらに、バスト周りの筋肉の状態を整えて、バストを引き上げること。鎖骨、わきの前、横隔膜の3ポイントを刺激すれば、筋肉の動きが良くなりバストを引き上げる力も高まります。

>> p056〜061

# マッサージしていれば、
# 食事制限しなくてもやせる？

## 何も考えないで食べ過ぎるのは、やっぱりNGです

　硬くなった筋肉をほぐし、やわらかく質の良い筋肉へと生まれ変わらせる"ミオドレ"マッサージ。それによって今ある脂肪が減ったり、新しい脂肪がつきにくくなったりとうれしい効果が満載だから、マッサージさえしていればいくら食べても太らない!? なんて、油断するのはNG。残念ながら、そんな夢のような話はありません。

　ケーキ1個食べれば300kcal以上、ポテトチップス1袋500kcal前後、外食をすれば700kcal以上、メニューによっては1500kcalなんてことも。それらの余剰分は中性脂肪としてカラダに蓄えられ、排出させようとしても、とても追いつきません。日々マッサージをしていればストイックな食事制限をする必要はありませんが、たくさん食べた日の翌日は控える、質の良い筋肉を作るための良質な食事を摂るなど、頭で考えて食べるようにしましょう。

>> p097〜107

part 1: #the new common sense diet

## 忙しくて、毎日マッサージの時間がとれないんです……

## カラダの仕組みに合わせ計算された
## マッサージなら、5分でもOK!

　忙しいし面倒くさいし、毎日マッサージなんてできないと思っている人に朗報。"ミオドレ"マッサージは「押す」「流す」「つまむ」という、カラダの仕組みに合わせて計算されたシンプルな3ステップにより、短時間で効果を発揮できるメソッドです。

　一般的なマッサージよりも力を入れて、筋肉の奥まで届くようにしっかり行うことがポイント。体型を左右する原因である"筋肉"にダイレクトに働きかけるから、早く確実な効果が現れるのもうれしい。効果が見えれば、毎日続けようというモチベーションにもなります。

　時間がない日は、気になるパーツだけ選んで5分程度のマッサージでOK。その5分もとれないという人は、3ステップのうちどれかひとつでもいいので、毎日少しずつでも筋肉や脂肪に刺激を与えてあげましょう。

　余裕がある日はマッサージするパーツを増やしても、全身で10〜15分程度あれば終わります。

>> p055

part 2:

#why your body changes

## 論理的、だから効く!
# ミオドレ式で
# カラダが変わる理由
# why your body changes

ここで、"ミオドレ"についてお勉強。
カラダの仕組みを知り尽くした理学療法士による
確かな理論、それに基づくマッサージメソッドなので、
説得力も効果もお墨つき。この章を読むことで、
マッサージの意味をより理解でき、楽しくなります。

## ミオドレ式解説

# 01

part 2:

#why your body changes

子供のカラダはやわらかい。
私たちは年をとるほどに、
硬くなり中性化します

# カラダが硬くなることと、ダイエットとの関係って……？

next
>>

part 2：

#why your body changes

子供のカラダは、全身どこを触っても やわらかく、
硬さも滞りもありませんよね。それが大人になるにつれ、
肩や腰、お腹、太もも、ふくらはぎなど、徐々に
硬さやたるみが出てきます。するとしなやかな動きが
なくなり、猫背でメリハリのない体型 に。
街で老人を後ろから見たとき、男女の区別がつかないことは
ありませんか？　筋肉の硬さによって、女性のカラダは
中性化していくのです（ちなみに男性は加齢により
筋肉が衰え、女性に近づきます）。

ミオドレ式解説

## 02

太るのも女らしいラインが
なくなるのも "筋肉の硬さ" が
原因です

part 2 :

# why your body changes

太るだけじゃない、体型の変化も気になるんです

part 2：

#why your body changes

「昔は何を食べても太らなかったのに、最近めっきり
太りやすくなった」と感じていませんか？　その原因は、
筋肉の硬さである 可能性大。筋肉が硬くなると、
動きが悪くなるので代謝が落ち、脂肪がつきやすくなります。
さらに、血液やリンパの流れも滞るので、むくみも併発。
筋トレやランニングをすると、同じ筋肉ばかりに負荷がかかる
ので筋肉が太く硬くなり、脂肪がつきやすい上、ゴツゴツとし
て、女性らしいやわらかなラインが失われます。だから
つらい運動は、ダイエットに逆効果 なのです。

next
>>

035

ミオドレ式解説

# 03

アンダーバストの広がり、
猫背、〇脚……体型の悩みも、
筋肉のせいかもしれません

part 2 :

#why your body changes

太りやすいカラダから、やせやすいキレイなカラダに変わるには!?

part 2: #why your body changes

あなたの今の骨格は、100%生まれつきのものではありません。

例えば加齢によるアンダーバストの広がり、猫背、

脚のゆがみ。これらはすべて、筋肉による悪さです。

スマホやPCによる 前かがみの姿勢 は、カラダの

前面の筋肉を縮めます。するとその分

背中の筋肉が伸びきってしまいます。

そして、ろっ骨が外側に引っ張られ、

アンダーバストがサイズアップ。もちろん、猫背も慢性化。

歩き方のクセでふくらはぎの外側の筋肉が硬くなれば、

骨を外側に引っ張るのでO脚が悪化します。

next
>>

037

ミオドレ式解説

# 04

ほっそりと女らしく、
やわらかいカラダを作るのは、
強めのマッサージです

part 2:

#why your body changes

太りにくくなるために、もうひとつ着目したいのは？

next
>>

part 2：

#why your body changes

カラダを太りやすくし、骨格のゆがみまでも生じさせる
筋肉の硬さ。ハードな運動を避けたとしても、日々の
生活習慣や姿勢などで、筋肉はどんどん硬くなります。
それをリセットしてくれるのが、強めに筋肉を刺激する
マッサージ。筋肉の硬さをほぐしながら脂肪を
押し流すことで、細くやわらかく、動きの良い
筋肉へと生まれ変わります。それにより、
女らしい曲線的な カラダへと変化するのです。
これこそが "ミオドレ" マッサージの効用です。

039

ミオドレ式解説

## 05

脂肪細胞に血液から
栄養が届くのを遮断すれば、
太りにくいカラダに

part 2:

#why your body changes

脂肪細胞は、食べたものの栄養が血液を通して
送り届けられることで肥大化していきます。血液からの
栄養を遮断 すれば、脂肪細胞は大きくならず、ムダに
太ることもありません。“ミオドレ” マッサージはここにも
アプローチ。脂肪細胞の周りを囲み、血液からの栄養を届ける
「細胞外マトリックス」という組織を、
強いマッサージによって壊します。すると、栄養が届かなく
なって、太った脂肪細胞が死滅し、新しく小さな脂肪細胞と
正常な細胞外マトリックスへと生まれ変わるのです。

next
>>

"ミオドレ" マッサージはこんなにすごい！

part 2:

#why your body changes

# "ミオドレ" マッサージにできること
# まとめ

## 筋肉をやわらかくする

強めの力で筋肉を刺激することで、筋肉がほぐれ、細くしなやかな新しい筋肉に生まれ変わります。

それによって……

- ☑ 筋肉の動きが良くなり、運動量が増えて脂肪がつきにくく
- ☑ しなやかな筋肉に生まれ変わり、カラダのラインもなめらかに
- ☑ コリや痛みなどの不調も改善

## 血液・リンパの流れを良くする

筋肉の動きが良くなることで、周辺の血液やリンパの滞りもなくなります。
また、太い血管や神経が集まる "くぼみ" を押すことで、血管と神経をはさんでいる筋肉がやわらかくなり、ダイレクトに巡りを促す効果も。

それによって……

- ☑ むくみや冷えが改善!
- ☑ くすみが晴れて、顔色もパッと明るく
- ☑ 肌に栄養が行き届き、ツヤツヤの美肌に

part 2:

#why your body changes

# 太った脂肪細胞へ栄養を行きにくくする

強めのマッサージで脂肪細胞の外側にある「細胞外マトリックス」を壊し、
脂肪細胞への栄養を遮断。脂肪細胞の肥大化を防ぎます。

それによって……

- ☑ 新たな脂肪がつきにくくなります
- ☑ 今ある太った脂肪細胞が死に、排出されます

---

# 骨の形を変え、本来の位置へと導く

硬くなった筋肉により引っ張られていた骨が、本来の位置に戻ります。

それによって……

- ☑ アンダーバストの広がりや猫背、O脚などの悩みが解消します
- ☑ 体のゆがみがとれ、スタイルが良くなります

part 2:

#why your body changes

つまり、"ミオドレ"マッサージは
脂肪をぐんぐん燃やし、女らしいしなやかなカラダへと導く
最良の方法!　さあ、今すぐ始めましょう。

>> P.046

column_ 01

# 元医療従事者がエステティシャン！カラダの仕組みを知りつくした「ソリデンテ南青山」

"ミオドレ"ことミオドレナージは、私がリハビリ医療の現場で理学療法士（立つ、歩くなどカラダの基本的な機能回復をサポートする専門家）として従事していたときの経験を生かし、開発しました。リハビリ医療と、ダイエットやゆがみなど美容の悩みは無関係のように思われるかもしれませんが、その根本は同じ。カラダの不調も、太ったりカラダのバランスがくずれたりするのも、「筋肉が硬くなり、動きが悪くなる」ことが原因なのです。

ミオ＝筋肉、ドレナージ＝デトックス。つまり、古い筋肉とその周りの脂肪や老廃物をデトックスし、新しい筋肉へと生まれ変わらせる、カラダを根本から変えるためのまったく新しいマッサージです。

そのためには、筋肉をかなり強めの力で押し、流すことが必要。慣れないうちは多少のアザができるほどに強い力を与えることで、筋細胞や脂肪細胞が死に新しくフレッシュな細胞へと生まれ変わるという、カラダ本来の機能を利用しています。セルフで行う分には力の加減ができますが、プロの施術者が安全に行い、かつきちんとした結果を出すには、カラダの仕組みをしっかり理解していることが重要。私のエステサロン「ソリデンテ南青山」で働くスタッフは、そのほとんどが元医療従事者。元トップアスリートもいます。確かな効果を追求すべく技術を磨きつつ、常に「もっとカラダを変えることができる新たな方法はないか？」と研究を重ねています。

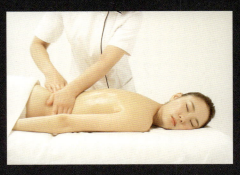

≫ サロンの詳しい紹介は p126〜127へ

part 3:
# how to do myodrainage

# ⎛ミオドレ式⎞ 1日5分でもOK!
# 美乳&くびれマッサージ

## #how to do myodrainage

ここからはいよいよ本番。胸にふっくらと
ボリューム感があり、ウエストはすっきり、お尻は
プリッ! そんな女らしいボディをデザインする
"ミオドレ"マッサージメソッドをお教えします。
1日5分だけでもOK! 毎日続けることがコツですよ。

# Let's Start!

## マッサージの効果を
## 出すための準備

冷えて縮こまったカラダをマッサージしても、
筋肉が硬いので指の刺激が届きにくく、脂肪も流れにくい
もの。マッサージの前にカラダを温めたりゆるめたりして、
効果が出やすい状態に整えましょう。
指すべりを良くするコスメも使うと◎。

## ミオドレの効果がUPする3STEP

Warm-up
**温める** ······>

Push
**押す** ······>

Apply
**塗る**

Warm-up

# 温める

## 温めると筋肉がゆるみ、マッサージの効果がアップ

筋肉には、温めると硬さがゆるむ性質があります。マッサージの前に湯船に浸かってカラダを温めておくと、冷えている状態よりも指が筋肉の深部まで届きやすく、マッサージの効果がアップ。湯船に浸かれないときは、温かいお湯の入ったペットボトルを当てたり、白湯（さゆ）で内側から温めるのも◎。

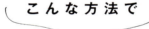

こんな方法で

### ✓ お湯を入れたペットボトルを当てる

空のペットボトルに40〜42℃のお湯を入れ、わきやお腹、首筋、ひざ裏など太い血管が通っている部分に当てます。

### ✓ 白湯を飲む

体の内側から温めるのも効果的。白湯をたっぷり飲むとマッサージをしたときにむくみの排出も促されます。

### ✓ お風呂に浸かる

湯船に5〜10分程度浸かって。慣れてきてメソッドを覚えたら、湯船に浸かったままマッサージをするのもおすすめです。

part 3: #how to do myodrainage

Push

# 押す

## いくつもの筋肉に一度に刺激を与えることができる"くぼみ押し"

カラダには7つのくぼんだ部分があります。その"くぼみ"には、いくつもの筋肉の始点や終点、太い血管やリンパ節などが集中。ここをギュッと強く、3秒程度押してから放すと、いくつもの筋肉が一度にゆるみます。マッサージの最初にウォーミングアップとして7つのくぼみを軽く刺激しておくと、全身の血流が良くなりやせやすいカラダに近づきます。

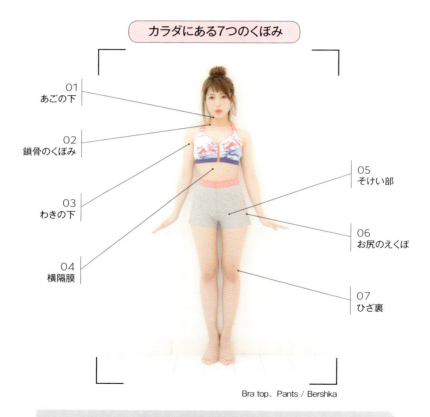

カラダにある7つのくぼみ

01 あごの下
02 鎖骨のくぼみ
03 わきの下
04 横隔膜
05 そけい部
06 お尻のえくぼ
07 ひざ裏

Bra top、Pants / Bershka

part 3 : #how to do myodrainage

#point

くぼみ押しは"ミオドレ"マッサージの中で重要なメソッド。p056〜のマッサージにも、「押す」というステップで同じくぼみの刺激が出てきます。やせたいパーツごとに効果のあるくぼみを、繰り返ししっかりと刺激しましょう。

## 1カ所につき3秒×1回押してウォーミングアップ！

### PROCESS 01

**あごの下**
あご先の骨のすぐ裏側のくぼみ。親指2本を引っかけてグッと押します。

### PROCESS 02

**鎖骨のくぼみ**
鎖骨の詰まりは顔のたるみやバストのしぼみに直結。左右のくぼみを親指の腹で押して。

### PROCESS 03

**わきの下**
胸や肩につながる筋肉の始点が集中。左右のわきに、人差し指〜薬指を入れ込んで押します。

### PROCESS 04

**横隔膜**
いわゆる「みぞおち」の部分。少しかがむようにして、両手で刺激。

### PROCESS 05

**そけい部**
座るとちょうど角になる、脚のつけ根。親指をグッと押し込んで。左右行います。

### PROCESS 06

**お尻のえくぼ**
お尻の外側にある、触ると少し痛いようなくぼみ。親指で左右をしっかりプッシュ。

### PROCESS 07

**ひざ裏**
ふくらはぎの筋肉の始点。ひざを少し曲げ、両手の親指でプッシュ。左右行って。

part 3: #how to do myodrainage

## Apply
# 塗る

## ボディジェルやクリームを塗り
## 肌の指すべりを良くして

"ミオドレ"マッサージは、筋肉の奥まで刺激が届くよう、やや強めに押す、流す、つまむというメソッドを行います。そのとき、肌に負担をかけないよう、ボディジェルやボディクリームなどをたっぷり塗り、すべりを良くして。湯船の中でマッサージを行う場合は、何も塗らなくてもOKです。

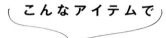
こんなアイテムで

☑ **ボディジェル、ボディミルク** | みずみずしい感触でマッサージしやすいのが特徴。浸透するとベタつかないので夏場でも気持ちいい。

☑ **ボディクリーム** | 油分が多くこっくりしたテクスチャーで、乾燥肌におすすめ。手のすべりが重く感じられるものは多めに使って。

☑ **ボディオイル** | むくみをとる植物オイル配合のものが◎。肌を潤しなめらかに整える効果は、ジェルやミルク、クリームのほうが高い。

## あると便利なグッズ

### 温めにもマッサージにも！
### ペットボトル

空のペットボトルに40〜42℃のお湯を入れると、カラダを温めたり流したり、押したり（フタ側を使用）するのにうってつけのツールに。1Lがおすすめですが、自分が使いやすいサイズを選んで。

### 肌をしっかりつかめる
### すべり止めつき軍手

コンビニエンスストアで手に入る、すべり止めつきの軍手。肌をグッと力強くつまむことができるので、力が弱い人におすすめ。流すときは、手が止まってしまうのではずして。

part 3 : #how to do myodrainage

## "ミオドレ„マッサージの基本

# 01

## 「押す」「流す」「つまむ」の3ステップ

"ミオドレ„マッサージのメソッドは「押す」「流す」「つまむ」の3ステップ。「押す」でカラダのくぼみを刺激して血液の流れを促進し、「流す」で筋肉をほぐしながら周辺についた脂肪をかき出します。最後の「つまむ」は脂肪にアプローチ。脂肪細胞をギュッと押しつぶすようなイメージで、強めにつまみます。

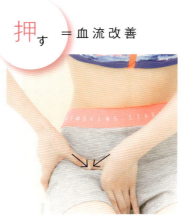

**押す ＝ 血流改善**

筋肉の始点や終点が集まるくぼみに指を押し込むようにして、息を吐きながら力強くプッシュ。硬くなった筋肉が一気にゆるみ、血液の流れが良くなります。

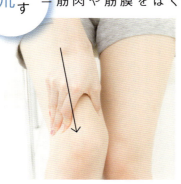

**流す ＝ 筋肉や筋膜をほぐす**

筋肉の流れに沿って、圧力を加えながら強めの力で押し流すようにします。この動きで筋肉を強く刺激するので、痛みを感じたり、翌朝筋肉痛を感じることも。

**つまむ ＝ 脂肪にアプローチ**

最後は筋肉でなく脂肪にアプローチ。脂肪が厚い部分を指の腹や手のひらでつまみ、脂肪をつぶすようにしっかりつまみます。爪で皮膚が傷つかないよう注意しましょう。

# 02

## "痛気持ちいい" 感覚で行うと効果大!

押すとき、流すとき、つまむとき、すべての工程で大切なのは "力加減"。指が骨に当たるくらいの強さでギュッと押し当てると、筋肉をしっかり刺激できます。最初は強めの痛みを感じ、続けるうちに "痛気持ちいい" 感覚になればOKです。

指が肌にグッと沈むくらいの強さで!

# 03

## 時間があるときは3ステップを繰り返す

気になるパーツごとに「押す」「流す」「つまむ」を1セットとした3ステップを行いますが、時間に余裕があるときは、もう一度これを繰り返してください。1回目よりも筋肉がほぐれやすくなっているので、よりサイズダウン効果が高まります。

# 04

## 5分しかなかったら、
## 「バスト」「くびれ」のマッサージを!

美乳＆くびれに直結するのは、この2つのマッサージ。バストアップ（p056〜）、くびれ（p062〜）のマッサージだけでも毎日行えば、理想のボディに近づきます！

— Push —

# 押す

1回3秒
所要時間／約45秒

## 胸のしぼみを招く
## 周辺の血液の滞りをなくして

PROCESS 01 　左右各3回

### 鎖骨のくぼみを押す

ここが硬くなると太い血管を圧迫し、胸に栄養が届きにくく。右の親指を左の鎖骨にグッと押し込んで。右側も同様に。

PROCESS 02 　左右各3回

### わきの下・前をグッ！

胸への血流をスムーズにするため、右の親指を左わきの前に当て、ほかの指をわきの下に入れ、はさむように押します。右わきも同様に。

PROCESS 03 　3回

### 横隔膜を刺激

カラダをかがませ、ろっ骨のすぐ下を強く押して。血液を送り出す役割のある横隔膜をゆるめます。

part 3 : #how to do myodrainage

Drainage

# 流す

1回3秒
所要時間／約60秒

## 周辺の筋肉を細くすることで胸のボリューム感を強調

### PROCESS 01 　左右各3回

**腕の前側を流してほっそり**

左の二の腕を右手でつかみ、親指で腕の前側に強く圧をかけながら流します。右腕も同様に流して。

### PROCESS 02 　左右各3回

**わきの下のハミ肉撃退！**

わき腹には胸につながる筋肉が集中。右の親指を左わきの下に当て、腕のつけ根から肩甲骨をつかみ、押し下げます。右わきも同様に。

#Massage 01 ／ バストアップのマッサージ

PROCESS **03** 左右各3回

### わき腹もすっきりさせて
右手の平を左胸のわきに当て、おへその横に向けて強く押し下げます。右側も同様に。

PROCESS **04** 3回

### お腹を伸ばしてバストアップ
縮むと胸を下垂させる横隔膜。軽く握った両手をろっ骨の下に当て、下腹まで強く押し下げます。

---

## #Column
### 筋肉の流れを意識しながら流して
「流す」のメソッドで写真に描かれている矢印は、筋肉の走る向き。この方向に強く押し流すことで、筋繊維がほぐれやすく。並走している血液やリンパの流れも促すのでむくみ解消にも効果的！

part 3 : #how to do myodrainage

## つまむ
### Hold

腕とわき腹の脂肪を押しつぶして撃退。
胸を強調する土台を整えて

1回3秒
所要時間／約140秒

### PROCESS 01
**左右各3セット**

**二の腕の振り袖をなくす**

左の二の腕の上側（①）を右手で強くつまんで、ゆっくり放します。わきとひじの中間（②）、ひじの近く（③）も同様に、強くつまんでから放して。これを1セットとし、右腕も同様に。

### PROCESS 02
**左右各3セット**

**腕をほっそり華奢に**

左のひじのすぐ下（①）を右手で強くつまんで、ゆっくり放します。ひじと手首との中間（②）、手首の手前（③）も同様に。これを1セットとします。右腕も同様に。

#Massage 01 ／ バストアップのマッサージ

PROCESS
03

3セット

part 3: #how to do myodrainage

**くびれで胸を強調！**

わき腹の、アンダーバストのすぐ下（①）を両手で強くつまみ、ゆっくり放します。その少し下（②）、へそのわき（③）も同様に。これを1セットとします。

# #Massage 02

## くびれ のマッサージ

女らしいカラダの必須条件、
ウエストのくびれ。"ミオドレ"マッサージ
ならウエストの部分やせが可能です!
縮こまりがちなカラダの前面の筋肉を
しっかり押してゆるめ、
脂肪をつまみ流しましょう。

マッサージ
するのは
ココ!

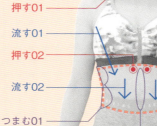

押す01
流す01
押す02
流す02
つまむ01
つまむ02
押す03

## Push
## 押す

**1回3秒**
所要時間／約40秒

### 硬い前面の筋肉をゆるめ、血流を良くして脂肪がつきやすい環境をリセット！

PROCESS **01** 3回

**あご下をプッシュ**
あご下の神経を刺激して腸の動きを活発に。両手の親指の腹を強めに押し込みます。

PROCESS **02** 3回

**横隔膜を刺激**
カラダをかがませ、ろっ骨のすぐ下をグッと押して。血液を送り出す役割の、横隔膜をゆるめます。

PROCESS **03**

左右各3回

**そけい部をゆるめる**
座るとちょうど角になる右脚のつけ根に両手の親指を当て、グッと押し込んで。脚への血流が良くなります。左脚も同様に。

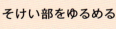

## Drainage

# 流す

1回3秒
所要時間／約30秒

### 筋肉の硬さをほぐしながら脂肪を一気に押し流すイメージで！

### PROCESS 01 左右各3回

**くびれをメイキング**

右手の平を左胸のわきに当て、おへその横に向けて強く押し下げます。右わきも同様に。

### PROCESS 02 3回

**お腹のもたつきも撃退**

軽く握った両手をろっ骨の下に当て、下腹まで強く押し下げます。

---

### #Column

#### わき腹を覆う「腹斜筋(ふくしゃきん)」がハミ肉に効果大！

わき腹全体を広く覆う「腹斜筋」。年を重ねるごとに硬くなり、その上に脂肪がのっている人が多数！ 座ったまま後ろを向きづらいのがサインです。上の「流す01」のメソッドを多めの回数取り入れてみて。

# Massage 02 / くびれのマッサージ

**Hold**
つまむ
1回3秒
所要時間／約30秒

## お腹周りのたっぷり贅肉を つまんで、脂肪をつぶす

### PROCESS 01 — 3セット

**脂肪をつぶせばくびれ出現**

脇腹の、アンダーバストのすぐ下（①）を両手で強くつまみ、ゆっくり放します。その少し下（②）、へそのわきも同様に。これを1セットとします。

### PROCESS 02 — 3回

**お腹の脂肪をつまみ出す！**

お腹の中央の肉を両手で縦にギュッとつまみ、ゆっくり放します。腸の周りについた脂肪をつかむようなイメージで、深くしっかりとつまんで。

part 3 : #how to do myodrainage

#Massage 03

## ぽっこりお腹
## 解消マッサージ

胸よりもお腹のほうが出ている……なんて
体型は、内臓の周りを覆うようについた
"内臓脂肪"のせいかもしれません。
お腹を覆う大きな筋肉の
奥まで刺激を伝えるように
しっかりマッサージして!

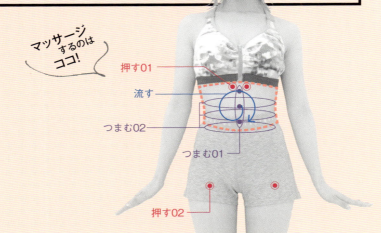

Push

# 押す

1回3秒
所要時間／約30秒

## 背骨を前に引っ張る筋肉を ゆるめて、やわらかく

### PROCESS 01 （3回）

**横隔膜を刺激**

カラダをかがませ、ろっ骨のすぐ下をグッと押して。お腹の中心の筋肉がゆるみます。

### PROCESS 02 （左右各3回）

**そけい部の詰まりを撃退**

座ると角になる右脚のつけ根に両手の親指を当て、グッと押し込んで。左脚も同様に。

part 3 : #how to do myodrainage

---

### #Check List
ちゃんと押せているか、チェックしよう！

☐ カラダのくぼみを意識していますか？（p051を確認）
☐ 押したとき、軽い痛みや重みを感じますか？
☐ 3回押すうち、指がより深く入るようになる実感がありますか？

067

## Drainage

# 流す

**1回5秒**
所要時間／約15秒

## 腸の流れを良くする
## イメージでお腹をぐるぐる

3回

**内臓脂肪を押し流す！**

両指を重ねて右わき腹に当てます。お腹全体を"の„の字を描くように強く押し流して。1回5秒くらいかけてゆっくりと。

# Massage 03 / ぽっこりお腹解消マッサージ

## Hold
## つまむ
1回3秒
所要時間／約60秒

## 内臓脂肪をつかみ出すイメージで深く、しっかりつまむ

### PROCESS 01　3セット

**お腹上部のハリをとる**

ろっ骨のすぐ下の肉を両手で縦にギュッと強くつまみ、ゆっくり放します。徐々に下にずらして①〜③の3カ所をつまんで。これを1セットとします。

### PROCESS 02　3セット

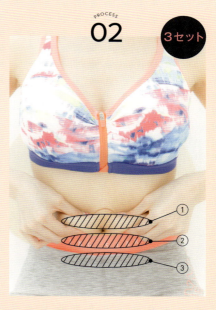

**下腹の肉をギュッ**

おへそから下の肉をもみ出すようにつまみます。おへそ周り（①）、そのすぐ下（②）、さらに下（③）と3カ所つまみ、これを1セットとします。

#Massage 04

## 出っ尻解消マッサージ
(でっちり)

プリッと引き上がったお尻とは似て非なる、ドーンと大きく広がった出っ尻。その原因は、デスクワークなどでお腹の筋肉が縮み、裏側にあるお尻の筋肉が伸びてしまったことです。カラダの前側を伸ばすことでお尻が正しい位置に戻ります！

流す01
つまむ
押す
流す02

マッサージするのはココ！

## Push
## 押す

1回3秒
所要時間／約20秒

## 硬くなったそけい部をほぐさないと
## お尻は引っ込まない

**左右各3回**

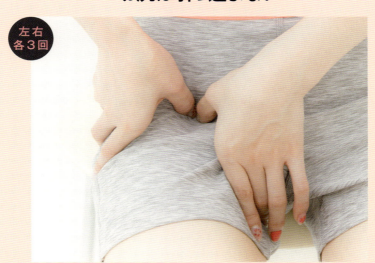

### そけい部をほぐして骨盤を正しい位置に

座ると角になる右脚のつけ根に両手の親指を当て、グッと押し込んで。左脚も同様に。

---

### ＃Column

**現代人はもれなくそけい部が固まっている!?**

そけい部を圧迫する座り姿勢が多い現代人。ここが固まっているともも裏の筋肉が縮まって脂肪がつきやすくなるだけでなく、姿勢や歩き方のくずれにもつながるので要注意！

part 3:
#how to do myodrainage

## Drainage

## 流す

1回3秒
所要時間／約30秒

## カラダの前面をしっかり流して お尻を正しい位置に!

### PROCESS 01 　3回

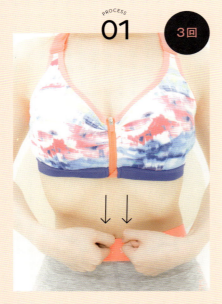

**お腹の縮みを流して伸ばす**

軽く握った両手をろっ骨の下に当て、下腹まで強く押し下げます。

### PROCESS 02 　左右各3回

**前もももの硬さもお尻に影響!**

右の親指と人差し指で右のそけい部をはさみ、ひざまで強く流します。左脚も同様に。

---

### #Column

#### やせたい部分の裏側をケアする理由は?

出っ尻を解消したいのに、お腹や太ももを流す？　その理由は、筋肉の動きがカラダの前後で対になっているから。硬くなった前側の筋肉をほぐしてあげないと、お尻の筋肉は動かないのです。

#Massage04 / 出っ尻解消マッサージ

## つまむ
Hold

1回3秒
所要時間／約30秒

### 内臓脂肪をつかみ出すイメージで深く、しっかりつまむ

3セット

**お腹の硬さを入念にリセット！**

おへそ周り（①）、そのすぐ下（②）、さらに下（③）と3カ所つまみ、これを1セットとします。

part 3: #how to do myodrainage

# #Massage 05

## たれ尻 解消マッサージ

お尻と太ももの境目、ありますか？
たれたお尻ではパンツも水着も女らしく
着こなせません。後ろももの硬さを
ほぐすことで下に引っ張る力をなくし、
同時にお尻の大きな筋肉を活性化
させれば、お尻はプリッと上がる！

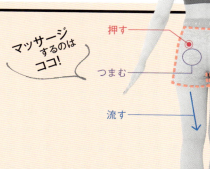

マッサージするのはココ！

押す
つまむ
流す

part 3 : #how to do myodrainage

Push

# 押す

**1回3秒**
所要時間／**約20秒**

## たれ尻解消のカギは
## お尻の筋肉が集まったえくぼ

左右
各3回

**お尻のえくぼをプッシュ**

左の親指をお尻のやや外側にあるくぼみ（①）に当てます。カラダを後ろに反らせるようにして親指に体重をのせます。そのままグッと押し込んで。右尻も同様に。

part 3 : #how to do myodrainage

## 流す

Drainage

1回3秒
所要時間／約20秒

### 後ろももの硬さをとれば、お尻を下に引っ張る力がリセット

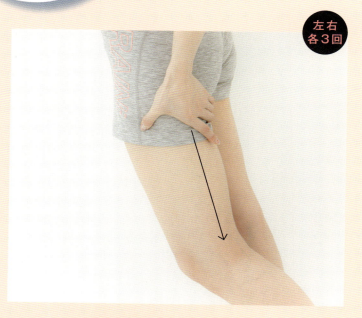

左右各3回

#### 後ろももを流してハリをとる

左のお尻と脚の境目に左手を当て、ひざ裏に向けて力強く押し下げる。右脚も同様に。

---

### # Column

**たれ尻や胸の下垂は年齢のせいじゃない！**

お尻や胸が下がってくるのを、たるみと思ってあきらめないで。お尻は太もも、胸はお腹の筋肉が硬くなって縮まるから、それに脂肪が引っ張られて、下に流れてしまうのです。筋肉をよくほぐして！

#Massage 05 / たれ尻解消マッサージ

## つまむ
— Hold —

1回3秒
所要時間／約20秒

### 下がったお肉をギュッとつまみ上げ脚との境目を作る!

左右各3回

**お尻の下側を引き上げるように**
左のお尻を左手で上から強くつまみ上げる。
右尻も同様に。

---
# Column
---

### トイレタイムを"ミオドレ"タイムに!

"ミオドレ"マッサージをすき間時間でちょこちょこ取り入れるのもおすすめ。例えばトイレで座ったときは鎖骨を押したり、ひざ裏のくぼみを押すなどを習慣にしてみて。

#Massage 06

## 二の腕ほっそり
### マッサージ

年を重ねるごとに脂肪が蓄積する二の腕。
その原因は血行不良。触るとひんやり冷たく
感じませんか？ わきを押して血行を促し、
二の腕全体に刺激を与えてあげれば、
ぽかぽかと温かくなって脂肪が流れ、
たるみも解消します！

マッサージ するのは ココ！

押す
流す
つまむ

Push

# 押す

**1回3秒**
所要時間／**約20秒**

## わきの硬い筋肉をゆるめれば血液が巡り出す

左右各3回

### わきの下・前を同時にグッ

スマホやPC作業で硬くなりがちなわき。右の親指を左わきの手前に当て、ほかの指をわきの下に入れ、はさむように押して。右わきも同様に。

---

### # Column

**上半身のキレイの決め手となるのはわき**

わきには胸や肩、腕、とつながる多くの筋肉の始点が集中しています。ここをよく押してほぐすことで、二の腕ケアはもちろん、胸の下垂や姿勢の悪さにも効果大！　手が空いたときのちょい押しを習慣に。

Drainage

# 流す

1回3秒
所要時間／約20秒

## 硬い筋肉から脂肪をかき出すように押し流し、ほっそり腕を目指して

左右各3回

### 腕の前側を流してほっそり

左の二の腕を右手でつかみ、親指で腕の前側に強く圧をかけながら流します。右腕も同様に流して。

---

### #Column

#### マッサージで肌のたるみも防げます！

強めにマッサージをして細胞の代謝・再生を促す"ミオドレ"マッサージは、筋肉と同時に肌表面の再生も促すことができます。たるんだ二の腕やお尻の肌も引き締まり、続けるうちにハリが出てきます！

# Massage 06 / 二の腕ほっそりマッサージ

## Hold
### つまむ
1回3秒
所要時間／約60秒

## 二の腕を細くして胸の美しさを際立たせましょう

左右各3セット

### 二の腕の振り袖をなくす

左の二の腕の上側（①）を右手で強くつまみ、ゆっくり放します。わきとひじの中間（②）、ひじの近く（③）も同様に、強くつまんでから放して。これを1セットとします。右腕も同様に。

part 3 : #how to do myodrainage

column_ 02

# マッサージにまつわるQ&A

**効果がちっとも出ない気がします**

**力加減が弱いのかも。
強めに押してみましょう**

痛いのが苦手だからと、あまり力を入れずマッサージをしていませんか？ 気持ちいい程度の力加減では筋肉をしっかりほぐせません。最初は痛いのをガマンして、続けるうちに痛さが和らげば、効いています。

**翌日、筋肉痛のような痛みが
出ました。大丈夫？**

**正しくマッサージが
できている証です！**

硬くなり、今まであまり動いていなかった筋肉がマッサージで刺激されると、筋肉痛のような痛みやだるさが出ることもあります。今の力加減でぜひ続けましょう。痛みがあるうちは、その部分のマッサージを避けて。

**毎日やらないと効果は出ない？**

**毎日が無理なら、2～3日に
1度は行うようにして**

私たちは毎日活動し、動きのクセなどで筋肉は硬くなっていきます。だから、足や肩、首など硬くなりやすい部分だけでも毎日マッサージをするのがベスト。でも余裕がない場合は筋肉が硬くなる前、2～3日に1度を目安に。

### 決まった回数を守らないとダメ?

### 回数は多いほど効果的!
### 余裕があれば繰り返して

この本で提案している「3回×3秒押す」「3回流す」「3回つまむ」は、効果が出る最低限の回数。筋肉は時間をかけてケアするほどやわらかくなるので、回数を増やすのはOK! 押す・流す・つまむのセットを繰り返して。

### 生理中もマッサージしていいの?

### 生理中の不調の緩和に
### マッサージはおすすめです

マッサージをすると全身の血行が良くなりポカポカとしてきます。生理痛の一因は血行不良なので、マッサージはむしろ効果的。カラダのむくみも軽くなるので、つらくなければぜひ試してください。

### マッサージを始めたら、
### 運動はやめたほうがいい?

### 同じ筋肉ばかりを使う
### 運動は避けましょう

運動が好きでストレス発散になるなら、ぜひ続けてください。ただし、同じ筋肉を刺激する筋トレや、同じ種類の運動は、できれば毎日行わないようにしましょう。せっかくのマッサージの効果が半減してしまいます。

---

※マッサージは一般的なマッサージよりも強めの力を入れて行うマッサージです。無理をせず、体調が悪いときはお避けください。マッサージを行っていて異常を感じる場合は中止し、必要に応じて医師にご相談ください。

美乳とくびれが際立つ!
# 気になるパーツやせ マッサージ

# massage by body parts

美乳とくびれを際立たせるのは、ほっそりした脚とフェイスライン。そのためのパーツ別マッサージも取り入れて！細かな部分やせも自在なのが"ミオドレ"マッサージの良いところ。全身の余分なお肉がとれてすっきりすれば、美乳とくびれがより際立ちます。

part 4 : #massage by body parts

パーツやせ_01

# #ひざ上

## 前ももをしっかりほぐして
## ガンコな脂肪を押し流す!

すっとキレイな脚の形を邪魔する、ひざ上のお肉。
その原因は、前ももの硬さによって脂肪が
つきやすくなっていることと、肌のたるみです。

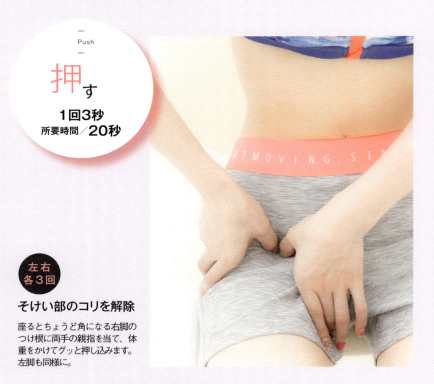

Push
押す
1回3秒
所要時間／20秒

**左右各3回**

**そけい部のコリを解除**

座るとちょうど角になる右脚の
つけ根に両手の親指を当て、体
重をかけてグッと押し込みます。
左脚も同様に。

Drainage

## 流す

**1回3秒**
所要時間／約20秒

左右
各3回

### 硬い前ももをほぐす!

右親指と人差し指の間を開いて右足のつけ根に当て、筋肉の筋に指を押し込むように、ひざ上まで強く流します。左脚も同様に。

Hold

## つまむ

**1回3秒**
所要時間／60秒

左右各
3セット

### ひざ周りの肉をギュッ

左手で右ひざの上(①)を強くつまみ、内側に向けてずらしながら(②〜③)3回つまみます。これを1セットとします。左ひざも同様に。

part 4: #massage by body parts

パーツやせ_02

# #内もも

## お尻の外側の筋肉を伸ばして、内もものたるみを撃退

太もものすき間を埋める贅肉の原因は、長時間の座り姿勢などにより、お尻の外側の筋肉が硬く縮まって、内側がゆるむせい。しっかり伸ばして。

—Push—
**押**す
1回3秒
所要時間／20秒

**左右各3回**

### そけい部のコリを解除

座るとちょうど角になる右脚のつけ根に両手の親指を当て、体重をかけてグッと押し込みます。左脚も同様に。

Drainage

# 流す

**1回3秒**
所要時間／約20秒

左右
各3回

### お尻の側面を押しながら下げる

左側の腰骨を左手でつかみ、親指でしっかり圧をかけながら、お尻の下まで側面を押し下げます。右側も同様に。

Hold

# つまむ

**1回3秒**
所要時間／60秒

左右各
3セット

### 内もも全体をつまむ

左手で右内もものつけ根（①）をつまみ、続けてつけ根とひざの中間（②）、ひざの内側（③）をつまみます。これを1セットとします。

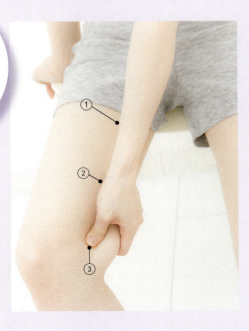

part 4: #massage by body parts

パーツやせ_03

# #ふくらはぎ

## ふくらはぎの太い筋肉を
## しっかり流す、つまむ！

ふくらはぎの太さの原因は、間違った歩き方や
運動習慣により発達した筋肉。直接しっかり
ほぐして、溜まったむくみや老廃物を排出！

Push

**押**す

1回3秒
所要時間／20秒

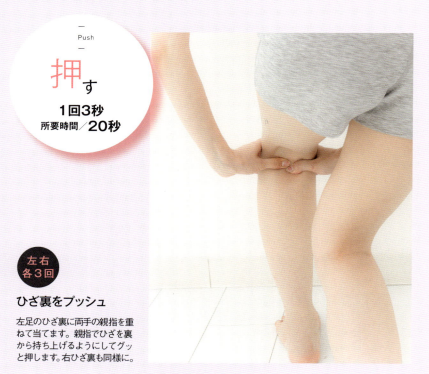

左右
各3回

**ひざ裏をプッシュ**

左足のひざ裏に両手の親指を重ねて当てます。親指でひざを裏から持ち上げるようにしてグッと押します。右ひざ裏も同様に。

## — Drainage —
## 流す

**1回3秒**
所要時間／約20秒

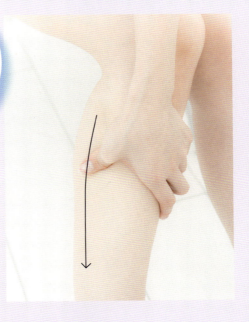

### ふくらはぎを流す

右のふくらはぎの上側を左手でつかみ、足首に向かって強めに圧をかけながら押し下げます。左側も同様に。

## — Hold —
## つまむ

**1回3秒**
所要時間／60秒

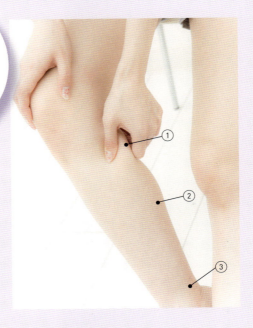

### ふくらはぎ内側を刺激

右のふくらはぎの上側（①）を左手でギュッとつまみ、ゆっくり放します。ふくらはぎの中間（②）、足首（③）も同様に。これを1セットとします。

part 4: #massage by body parts

パーツやせ_04

# #二重あご

## 肩コリ、首コリをほぐして
## 上向きのシャープな顔立ちに

肩や首の筋肉が硬くなり、顔を引き下げる力が働くと、二重あごが加速。しっかりほぐすことであごがすっきりするだけでなく、小顔効果も！

Push

押す
1回3秒
所要時間／20秒

左右
各3回

**鎖骨のくぼみを押す**

鎖骨のくぼみに親指をグッと押し当て、強く押します。指が入りにくいときは親指以外の指を肩に引っかけるようにして押して。

## Drainage
## 流す
**1回3秒**
所要時間／約20秒

左右各3回

### 耳の下から鎖骨へ
左手の親指を左耳の下に当て、鎖骨に向かって強めに圧をかけながら押し下げます。右側も同様に。

## Hold
## つまむ
**1回3秒**
所要時間／60秒

左右各3セット

### あご下のたるみを撃退
親指と人差し指であご下の先（①）をつまみます。少し外側（②）、えらの骨の下（③）と3カ所つまみ、これを1セットとします。

part 4: #massage by body parts

column_ 03

# 「ソリデンテ南青山」での マッサージに欠かせない オリジナルコスメ

サロンでの施術の効果を高め、同時にセルフケアを心地よく効果的に行えるように開発した、オリジナルのコスメ。肌へのなじみも良いので、マッサージしながら美肌へと近づくことができます。

for Body

### 目的に合わせて 使い分ける、 3本のマッサージジェル

2007年の「ソリデンテ南青山」オープン当時から、改良に改良を重ねているマッサージジェル。1st、2nd、3rdと段階的に使うことで、より効果的にボディケアをサポートします。〈左〉脂肪燃焼しやすいカラダを目指す人に使って欲しいスタータージェル。みずみずしい使用感。マリーナピュア シナジージェル 1st 250g ¥4,560 〈中〉ボディをよりシャープに引き締めることを目的に開発。コクがあるのに肌なじみが良い。同 シナジージェル 2nd 250g ¥4,360 〈右〉年齢とともに変化するボディラインをケア。保湿力も高い。同 シナジージェル 3rd 250g ¥4,960 （すべて税抜き）

for Face

**シンプルな3ステップで、ふっくら潤う肌に**

フェイシャルも行う「ソリデンテ南青山」流のシンプルセルフケア。むくみや脂肪のケアも目指しています。〈左〉メイクも肌の汚れも一度に落とせるクレンジングオイル。ビタミン豊富なゴマ油やダイズ油をブレンド。マリーナピュア クレンジングオイル 150ml ￥7,600 〈中〉22種のハーブエキスに、保湿成分の「ヒトオリゴペプチド」をブレンドした化粧水。みずみずしい感触でハリ感をもたらす。同 ローション 150ml ￥9,700 〈右〉高品質のスクワランとグアイアズレンだけを厳選配合。肌なじみが良い。同 スキンケアオイル 30ml ￥9,500（すべて税抜き）

column 03： #myodrainage DIET

>> 「ソリデンテ南青山」およびミオドレサロン、公式オンラインショップで購入できます。詳しくはp126〜127へ

part 5:
# you are what you eat

## 食べ過ぎも食べないのもダメ!
# 女らしいカラダを作るのは食事です

# you are what you eat

カラダの筋肉も脂肪も、すべては食べたものから
できています。しなやかで太りにくく、女らしい
カラダを作るために「何を食べるか」はとても大切。
つらくなく楽しく続けられて、元気になれる
"ミオドレ式"の食事法をご紹介します。

# ただカロリーを抑えるだけでは、やせません

　今、コンビニでもスーパーでも、食べ物を手にとって表示を見れば、ほとんどのものに「エネルギー」（カロリー）が表示されていますよね。それを意識して、低カロリーなものを選ぶ人も多いと思います。

　摂取カロリーを抑えれば、確かにやせます。でも、それは一時的なことに過ぎず、もとの食生活に戻せば、体型ももとどおり。さらに、摂取カロリーを減らすとカラダが飢餓状態に陥り、食べたものの栄養を少しでも蓄えようとして、いわゆる太りやすいカラダになってしまいます。

　本質的に太りにくい、でもやわらかく女らしいカラダを作りたいと思ったら、カロリーの呪縛から解き放たれましょう。食べたものが効率良くエネルギーに変わる食べ方のバランスを覚えれば、一生使える財産になります！　詳しい方法を、次のページ以降でお教えしていきます。

part 5:

\# you are what you eat

*badly balanced lunch*

### おにぎり2個やサンドイッチだけ、などの
### コンビニランチ、していませんか?

仕事が忙しいとき、ランチをコンビニで済ませること自体を
否定はしません。でも、おにぎり2個だけ、サンドイッチだけという
選び方はNG。摂れる栄養のほとんどが糖質(サンドイッチには
脂質も)で、カロリーは高くなくても肥満につながりやすい食事です。

part 5 : # you are what you eat

# たんぱく質・脂質・ミネラルのバランスがカギ

　　生命を維持するために必要なエネルギー源は、主食や甘いものに含まれる糖質（炭水化物）、肉や魚、豆類に含まれるたんぱく質、肉や魚、ナッツの脂や植物オイルなどの脂質。このうち糖質は、意識しなくても過剰になりやすい上、体内で合成できるため積極的に摂る必要はありません。たんぱく質は良質な筋肉を作る主要成分なので、意識的に摂りましょう。脂質はカロリーが高いので摂り過ぎには注意が必要ですが、カラダの細胞膜の主成分であるため、適量は欠かせません。

　　それ以外に、サポート的な栄養素としてビタミン、ミネラルがあります。新陳代謝を促したり、食べたものの栄養を効率良くエネルギーに変えたり、老化を防いだり、と、ダイエットや美容に欠かせない効果が。たんぱく質＆脂質とビタミン、ミネラルをバランス良く摂ることが、太りにくく元気になれる食事の秘訣です。

### 肉を食べたら、その分倍量の野菜を。
### 腸内環境を整える発酵食品も大切です

ビタミンとミネラルは、色の濃い野菜や海藻に多く含まれます。
肉や魚でたんぱく質を摂ったら、その倍量の野菜や海藻を食べる
ように意識して。脂質は加熱処理せずに作られた良質な植物油から摂取し、
腸内環境を整えて代謝を上げる納豆や味噌などの
発酵食品も摂るのが理想的。

part 5 :

# you are what you eat

# お腹ぽっこり体型の原因は、糖質の摂り過ぎ！

　決して太っていないのに、お腹だけポッコリと出ている人をよく見かけます。このタイプの人に多いのが、糖質の摂り過ぎ。

　糖質とは、ご飯、パン、麺などの主食、イモ類、果物やスイーツに多く含まれる成分。1gあたり4キロカロリーというエネルギー量はたんぱく質と同じでありながら、糖質のほうが太りやすい理由、それは食べたときのカラダの反応。糖質を摂ると血糖値が上昇し、それを下げようとして「インスリン」というホルモンが分泌されます。このインスリンが、糖質を脂肪に変えてカラダに蓄積させる働きを持つのです。

　太らないよう食べ過ぎに気をつけていても、摂っている食事の大半が糖質だと、お腹に脂肪が蓄積してしまいます。逆に早くやせたいときは、糖質オフをすれば、すぐにお腹がすっきりしてきますよ。

part 5 :　# you are what you eat

### イモ類は糖質。
### 食べる量に注意して

イモ類は野菜の一種ではありますが、
糖質の量は主食並み。食物繊維やビタミン、
ミネラルも豊富ですが、食べ過ぎには
注意しましょう。かぼちゃ、にんじん、
れんこんなども同様です。

### パンのカロリーに
### 要注意

パンには一般的に、小麦粉の糖質に加え、
血糖値を上昇させやすい砂糖も含まれて
います。油分も含まれ、さらに食べるときに
バターなどを塗れば脂質も過多に。
その割に腹持ちも悪いので、なるべく避けて。

### ヘルシーなイメージの
### 果物も、食べ過ぎは禁物

果物の糖質はエネルギーに変わりやすい
"果糖"。ビタミンも含まれるので
おやつ代わりに食べるのはよいですが、
摂り過ぎには注意。特に夜食べると
脂肪に変わりやすいのです。

# 1日3回でなく、お腹が空いたときが食事どき

　健康な食生活の基本は1日3食とされていますが、"ミオドレ"ダイエットでは「お腹が空くまで食べない」ことを提案します。その理由は、胃腸を休ませて代謝の良い状態を作るため。

　カラダの中で、胃腸を動かしているのは「内臓筋」という筋肉です。胃腸に食べ物が入るたびに内臓筋は働きます。1日3食、さらに間食までしていると、常に内臓筋が働き続けている状態になり、疲労して硬く、動きが悪くなります。すると内臓の血行が悪くなり、むくみやすくなったり、内臓脂肪が溜まりやすくなったりするのです。

　お腹が空かなかったら無理に食べる必要はありません。1日1食でも2食でも、空腹になったときが食事どき。続けるうちにカラダが軽く、お腹周りもサイズダウンして、元気になるのを実感できるはずですよ。

cold-pressed juice

## 固形物を摂らない
## 週末プチ断食もおすすめ

最近食べ過ぎ、胃腸が疲れてきたかも……と思ったら、固形物を
摂らず、コールドプレスジュースなどの液体で適度なエネルギーを
補うプチ断食にトライしてみて。1日しっかり内臓筋を
休ませてあげることで、内臓脂肪も燃焼しやすくなります。

part 5:

# you are what you eat

# 寝る前に食べるとキレイになれない理由

　キレイなカラダを作るのに、睡眠は重要。日中の活動で疲れ、傷ついた筋肉を睡眠中に修復することで、元気なカラダをキープできるのです。睡眠時間が少ないと太りやすいのは、内臓が疲れ、筋肉の修復も行われないまま翌日を迎えてしまうため、基礎代謝が落ちてしまうから。

　しかし、たとえ睡眠をしっかりとったとしても、寝る直前まで食事をしていると、太りやすくなってしまいます。睡眠中も内臓は休まず消化活動をしているので、筋肉の修復や再生がおろそかになってしまいます。消化のために血液が胃腸に集まるので、脂肪燃焼もできません。

　遅く帰宅してからの夕食は、思いきって抜き、さっさと寝てしまいましょう。食べたい気持ちから逃れられないのなら、その分翌朝たくさん食べるようにすればいいのです。

### どうしてもお腹が空いたら……
### 温かい飲み物でなだめましょう

もしも寝る前にどうしてもお腹が空いてしまったら、
白湯やハーブティー、温かい豆乳などで空腹感をやわらげて。
同じ液体でも、夜に塩分が入ったスープはNG。
摂った水分を溜め込み、むくみやすくなってしまいます。

part 6: #check your lifestyle to build a beautiful body

キレイなカラダは毎日の心がけから！
# 日々の生活習慣見直しチェック
# check your lifestyle to build a beautiful body

"ミオドレ"マッサージの効果をより発揮させたいと思ったら、姿勢や歩き方、呼吸など、日々の無意識な習慣を見直してみましょう。それだけでスタイルが良く見え、美乳＆くびれも強調。代謝が上がってやせやすいカラダに……と、良いことがいっぱい！

Cardigan / Bershka、T-shirt /HONEY MI HONEY、Shorts /スタイリスト私物

## ☑ 見直し 01
# 猫背・反り腰を改善して 脂肪のつきにくいカラダに!

スマートフォンを常にチェックしていたり、パソコン作業が続いたり、
ヒールの高い靴で歩いたりと、私たちの日常生活には前かがみに
なりやすい原因がいっぱい。それによって胸やお腹などカラダの前側の
筋肉が縮み、背中が丸まり、バランスをとろうとして腰を反った
"猫背・反り腰"に。現代女性に非常に多く見られる、悪い姿勢です。
お腹は縮まり、背中は伸びきって、どちらも筋肉が動かないので
脂肪がたっぷり蓄積。この姿勢は脚にも負担をかけて
筋肉を硬くするので、脚のむくみや変形にもつながります。
自分の姿勢を鏡でチェックして、キレイな姿勢を覚えましょう。

# キレイな姿勢はここを意識して

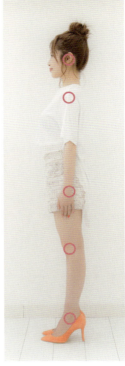

### 正面
**お腹を上に
すっと引き上げ、
お尻を締める**

親指とかかとの内側をしっかり意識して立ちます。お腹をできるだけ上に引き上げるように立ち、同時にお尻の穴を引き締めることを意識して。肩を自然に落とし、胸を開きます。

### 側面
**くるぶしから耳が
一直線になって
いるかチェック**

左の姿勢を意識しながら、かかとに重心を置きあごを少し上げ、くるぶし、ひざ、股関節、肩、耳が一直線になるように意識します。ハイヒールでもなるべくかかと重心を意識。

## これは NG!

肩が前に

ガニ股

O脚

**ガニ股・O脚**

肩が内に入って猫背の前傾姿勢になると、脚の前側に負担がかかります。するとバランスをとろうとしてガニ股・O脚に。

前首

前肩

お尻突き出し

ひざ曲げ

**おばさん姿勢**

猫背で立つと、全身のバランスをとろうとして腰を反らせ、ひざを曲げて首が前に……という立ち方に。老けて見えます！

T-shirt / HONEY MI HONEY、その他／スタイリスト私物

## ✔ 見直し 02
# 正しい座り姿勢は
# キレイ&やせる姿勢

椅子に座ったとき、自然に脚を組んでしまう人。
浅く腰かけて背もたれにだらんと寄りかかってしまう人。
どちらも、骨盤の位置に問題があります。骨盤とは、腰を支える大きな骨。
前に倒れていると脚を組んで体を支えようとし、後ろに倒れていると
背もたれに寄りかかる姿勢になってしまうのです。
正しい座り姿勢を保とうと努力すると、
骨盤がまっすぐになり、体幹も自然と鍛えられます。

# 正しい座り姿勢はここを意識して

胸を開き、
肩を自然に
落とす

頭を起こし
あごを
少しだけ上げる

お腹を引き上げ
腰が反らない
ように意識

太ももの後ろが
椅子の座面に
ぴったりつくように

## これは NG!

**寄りかかり**
(骨盤が後ろに倒れている)

骨盤が後ろに倒れて
いると、背もたれに
寄りかかってしまい
がち。首も前に出て
かっこ悪い！

**脚組み**
(骨盤が前に倒れている)

一見脚が長くキレイ
に見えますが、骨盤
が前傾し、カラダの
バランスが悪い証。
さらなるゆがみも招
きます。

# ✔ 見直し 03
## 歩き方を意識するだけで まっすぐ素直な脚に!

歩いているとき、私たちは転ばぬよう、無意識に全身のバランスを
とっています。このとき、それぞれのクセが出てしまい、
長年同じクセを続けながら歩いていると筋肉のアンバランスな
ハリが発生。それによって骨が引っ張られ、O脚やX脚といった
脚の変形につながってしまいます。足を踏み出すとき、
つま先とひざがまっすぐ前に出るよう意識しましょう。そして、
かかとをしっかり踏みしめるようにして。内股やガニ股、ひざが
外や内を向くなどのクセに気づいたら、今すぐ直しましょう。

# 階段の下り方でCHECK！

### つま先とひざがまっすぐ前を向くように

階段を下りるとき、ぐらつかないようにひざを外側に向け、ガニ股歩きになっていませんか？　この姿勢は太ももの前とふくらはぎの外側の筋肉を硬くさせ、O脚の原因となります。

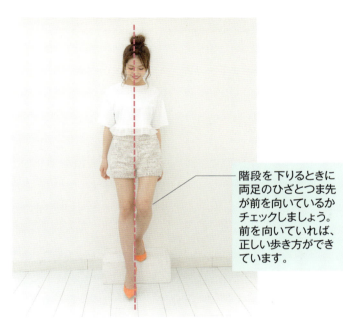

階段を下りるときに両足のひざとつま先が前を向いているかチェックしましょう。前を向いていれば、正しい歩き方ができています。

## これは NG!

ひざ頭が外を向くのはO脚の前兆

### #Column

#### 正しく歩けば疲れにくくなります

体幹で上半身をしっかり支え、かかとに重心をかけ、つま先とひざをまっすぐ前に出すような歩き方ができれば、ひざ下に余分な負担がかからず、長時間歩いても疲れません。

## ☑ 見直し 04
# 浅い呼吸はデブのもと！
# 深呼吸を意識して

これを読んでいる今、肩や胸あたりで浅く呼吸をしていませんか？
呼吸を司るのは、ろっ骨の下にある薄い膜状の筋肉「横隔膜」の動き。
ストレスを感じたり何かに焦っていたりすると、横隔膜が
動きにくくなり、呼吸が浅くなります。猫背で横隔膜が縮んでいても
同じ。そのうち浅い呼吸がクセになり、深呼吸ができないように……。
でも、浅い呼吸では脂肪燃焼に必要な酸素が充分にとり込めず、
太りやすくなってしまいます。意識して深呼吸をするクセをつけ、
生活の中でも手が空いたときに横隔膜を刺激してあげましょう。

>>>横隔膜の押し方はp051に

# 正しい深呼吸のやり方

### 01
**胸を開いて横隔膜を伸ばす**

まずは準備。両腕を上げ、手のひらを首の後ろでそろえます。胸を大きく開いて鼻で息を吸い、横隔膜を伸ばします。

### 02
**口から息を吐く**

お腹の上部に手で軽く触れ、お腹を凹ませるように押しながら口から息を吐きます。肩が上がらないように注意して。

### 03
**息を鼻から大きく吸う**

続けて、鼻から息を大きく吸います。お腹を膨らませ、お腹に空気を溜め込むよう意識して。お腹に当てた手で膨らみを確認します。

## ☑ 見直し 05
# "ちょいマッサージ"で カラダの不調もケア

仕事や家事の合間など、疲れて5分休憩をとろうと思ったとき、
すぐにスマホに手を伸ばしていては、猫背が悪化するばかり。
肩や首のコリ、腰痛など、カラダの疲れや不調も
筋肉のコリ・硬さが原因なので、"ミオドレ"マッサージが有効です。
ほんの1〜2分でもくぼみを押すだけで、同じ姿勢が続いて
硬くなった筋肉がほぐれ、
やわらかくなります。ここで紹介する3つのマッサージは、どれも
美乳＆くびれにも効果的！ 今すぐ試してみて。

## 不調 1
## 肩コリ

### 首→鎖骨を流してすっきり

#### 01
**鎖骨を押して筋肉をゆるめる**
右の親指を左の鎖骨のくぼみに押し当て、3回強く押します。右の鎖骨も同様に。

#### 02
**耳の下から鎖骨へと流す**
右の人差し指〜小指を左耳の下に当て、鎖骨に向けて3回さすり下ろします。右側も同様に。

---

#### #Column
**他にこんな不調もケアができます**

"ミオドレ"マッサージはここで紹介する肩、腕、脚のだるさだけでなく、さまざまな不調ケアにも役立ちます。頭痛なら鎖骨のくぼみ押し→額を上下に流す、腰痛ならそけい部やひざ裏を押して。

## 不調 2
## 腕のだるさ

### 脇をもみほぐせば腕が軽く!

**01 わきの前をつかむ**
右手を左わきに差し込み、親指と残りの指でわきの前側を3回つかみます。右側も同様に。

**02 わきの後ろをつかむ**
右手の親指を左わきに差し込み、親指と残りの指でわきの後ろ側をしっかりと3回つかみます。右わきも同様に。

## 不調 3 脚のだるさ

### そけい部を押して巡りよく

**そけい部に体重をかけて押す**
座ると角になる脚のつけ根の左右にそれぞれ親指を当て、体重をかけながらグッと3回押します。下半身の滞りが解消！

## ✓見直し 06
## 毎朝コップ1杯の水で便秘を解消

お腹ぽっこりの原因は、便秘であることも多いようです。
便秘に効果的なのは、腸をしっかり休ませて疲れをとった後、
一気に刺激を与えること。夜は早めに食事を済ませ、翌朝にコップ1杯の
水を一気飲みすると、心地よい刺激で腸が動き出します。
part03で紹介している「くびれのマッサージ」(p062〜)や
「ぽっこりお腹解消マッサージ」(p066〜)は、
腸周りを刺激するので便秘解消にも効果的です。

冷たい水のほうが体温との差で腸に刺激を与える効果が高いもの。でも、カラダの冷えが気になるなら、常温の水でOKです。

## ✓見直し 07
# こまめに歩いて、動いて
# カロリー消費

"ミオドレ" ダイエットでは、筋トレやランニングなどのハードな運動を
勧めていません。同じ筋肉にばかり負荷をかけて筋肉が硬くなって
しまうことこそ、脂肪太りを招く原因だからです。でも、
エネルギーを消費するためにカラダを動かすことには大賛成！
通勤や休日の散歩などで、積極的に歩きましょう。坂や階段を
下りたり上ったりすることで、さまざまな筋肉をまんべんなく
使うことができます。そのほか日常生活でも、
こまめにカラダを動かして。

## 毎 日 の 心 が け が 大 切 ！

- ✓ 通勤や散歩で、なるべくゆっくり歩く
- ✓ 太ももに負荷のかかる自転車は使わない
- ✓ 休日は家にこもらず積極的に外出を
- ✓ 人に頼まず、何ごとも自分で動く

> epilogue:

# あ と が き

"ミオドレ"マッサージの目指すところは、
やわらかい質感とメリハリのあるボディライン、しなやかな
動きを兼ね備えたカラダです。筋トレやランニングで
鍛え上げたカラダも素敵ですが、男性にない女性だけの
特徴は、やわらかさやしなやかさ。
しかも、筋肉をやわらかく保つことは見た目だけでなく
健康や若々しさにもつながります。
そこで本書では、女性の象徴である"美乳"と
"くびれ"にフォーカスを当てました。
難しいカラダの仕組みの勉強が苦手な方でも
取り入れやすいよう、筋肉の名前などの専門用語は
極力使わず、シンプルな解説を心がけました。
本書で触れるように、指示のあるカラダの場所、
その奥には筋肉があるということを意識しながら、
日々の変化を楽しみながら、ぜひ続けてみてください。
最後になりましたが、"ミオドレ"の新たな技術開発に
日々努力してくれている私のスタッフ、そして
本書の製作に関わってくださったすべての方々に
感謝の気持ちを贈ります。

キレイなカラダのイメージ写真から
マッサージメソッドの解説まで、
すべて舟山久美子さんに
モデルとなっていただきました。
ありがとうございました!

epilogue : #myodrainage DIET

## "ミオドレ"の施術を受けられるサロンリスト

### ソリデンテ南青山 学芸大学店
東京都目黒区鷹番3-18-20 塚原ビル2F
☎03-3711-6885

＊ホームページ
http://www.sorridente.jp

＊オンラインショップ
http://m-care0812.tg.shopserve.jp

# 〈 ミオドレサロン 〉

## ミオドレサロン表参道（東京）

東京都港区南青山6-12-4
三越南青山ハウス801
☎03-6712-6970

## ミオドレサロン銀座（東京）

東京都中央区銀座1-15-13
VORT銀座レジデンス306
☎03-3564-1311

## ミオドレサロン恵比寿（東京）

東京都渋谷区恵比寿4-9-11
恵比寿高村ビル501
☎03-6450-3460

## ミオドレサロン自由が丘（東京）

東京都世田谷区奥沢5-22-16
マニハウス自由が丘201
☎03-3724-6185

## ミオドレサロン学芸大学（東京）

東京都目黒区鷹番3-18-20
塚原ビル2F
（ソリデンテ南青山学芸大学店内）
☎03-3711-6885

## ミオドレサロン北堀江（大阪）

大阪府大阪市西区北堀江1-10-13
北堀江コレット403
☎06-6536-8605

salon list : #myodrainage DIET

＊ミオドレサロン ホームページ
http://myodrai-salon.jp

## Staff

撮影__天日恵美子

モデル__舟山久美子

ヘアメイク__下條秀之[f-me]

スタイリング__大島 愛

装丁__汐月陽一郎（chocolate.）

本文デザイン__増田恵美

DTP__安田雅代

編集・テキスト__大塚真里

取材協力__ソリデンテ南青山スタッフ

〈衣装協力〉
And Couture ルミネ新宿店
☎03-5323-5221
銀座マギー(pool studio alivier)
☎03-3748-1212
HONEY MI HONEY
☎03-6427-4272
ベルシュカ・ジャパン カスタマーサービス
☎03-6415-8086
FOREVER 21 オンラインショップカスタマーサービス
☎ 0120-421-921

美乳&くびれ
カラダになりたい
ミオドレダイエット

2016年8月8日　第1刷発行

著者
小野晴康

発行人
蓮見清一

発行所
株式会社宝島社
〒102-8388　東京都千代田区一番町25番地
営業／03-3234-4621　編集／03-3239-0926
http://tkj.jp
振替／00170-1-170829 ㈱宝島社

印刷・製本／日経印刷株式会社

本書の無断転載・複製を禁じます。
乱丁・落丁本はお取り替えいたします。

©Haruyasu Ono 2016
©TAKARAJIMASHA 2016

Printed in Japan
ISBN978-4-8002-5639-3